5
9
9
8
9
6
7
9
7
7
1
3
12
9
12
9
9
7
7

1
2
3
4
5
6
7
8
9
10
11
12

1 2 3 4 5 6 7 8 9 10 11 12

9
1
1
6
9
2
1
2
9
12
9
2
12
11
2
11

1 2 3 4 5 6 7 8 9 10 11 12

2
4
6
3
1
3
4
4
1
4
12
12
12
9
9
9
9

1
2
3
4
5
6
7
8
9
10
11
12

8
10
7
9
2
3
3
2
1
9
2
2
9
12
12
1

1 2 3 4 5 6 7 8 9 10 11 12

9
9
5
3
2
6
9
3
5
9
3
3
1
12
12
9
2
2
9

1
2
3
4
5
6
7
8
9
10
11
12

1
8
8
9
7
2
1
8
1
3
1
8
7
7
8
8
12
12

1
2
3
4
5
6
7
8
9
10
11
12

1
3
1
7
2
4
11
10

1
2
3
4
5
6
7
8
9
10
11
12

2
1
11
2
1
9
6
2
2
12
12
2
3
3
1
9

1 2 3 4 5 6 7 8 9 10 11 12

5
6
6
3
6
9
9
1
3
12
12
9
9
9
2
2

1
2
3
4
5
6
7
8
9
10
11
12

8
6
6
7
8
5
1
9
5
9
12
12
12
6
5
9
5
5

1
2
3
4
5
6
7
8
9
10
11
12

3
1
8
5
2
1
5
2
2
3
3
3
1
9
1
2
2
2
2
9
9
9
9

1 2 3 4 5 6 7 8 9 10 11 12

6
2
3
3
1
2
3
3
6
2
2
9
1
2
9
1
9

1
2
3
4
5
6
7
8
9
10
11
12

1
2
2
6
1
1
1
1
1
2
2
1
1
1
9
1
3
3
3
12
12
12

1
2
3
4
5
6
7
8
9
10
11
12

3
2
7
7
7
6
7
2
8
2
7
7
9
7
7
9
9
9
12
12

1
2
3
4
5
6
7
8
9
10
11
12

5
3
1
3
6
6
6
6
6
6
6
6
5
2
6
6
6
12
2
1

1
2
3
4
5
6
7
8
9
10
11
12

6
6
2
8
8
2
8
2
7
7
9
9
8
1
9
1
8
9
9

1
2
3
4
5
6
7
8
9
10
11
12

1 2 3 4 5 6 7 8 9 10 11 12

10
3
4
9
3
3
9
12
3
3
12
2
12
9
6
2
6
9
12
9
3
3

1
2
3
4
5
6
7
8
9
10
11
12

7
7
6
8
7
7
8
9
9
3
3
11
9
11
10
10

1
2
3
4
5
6
7
8
9
10
11
12

1
3
4
8
10
10
11
11
10
10
5
5
5
5

1 2 3 4 5 6 7 8 9 10 11 12

2
5
6
8
1
8
6
5
9
2
1
3
12
12
12
3
9
2
2
2

1
2
3
4
5
6
7
8
9
10
11
12

5
6
6
3
9
5
6
5
5
9
1
9
6
1
6
5
1
6

1
2
3
4
5
6
7
8
9
10
11
12

1 2 3 4 5 6 7 8 9 10 11 12